Exploración de la Naturaleza y la Sociedad

Segundo grado

La elaboración de *Exploración de la Naturaleza y la Sociedad. Segundo grado* fue desarrollada por la Dirección General de Materiales Educativos (DGME) de la Subsecretaría de Educación Básica, Secretaría de Educación Pública.

Secretaría de Educación Pública
Alonso Lujambio Irazábal

Subsecretaría de Educación Básica
José Fernando González Sánchez

Dirección General de Materiales Educativos
María Edith Bernáldez Reyes

Coordinación técnico-pedagógica
Dirección de Desarrollo e Innovación de Materiales Educativos, DGME/SEP
María Cristina Martínez Mercado, Ana Lilia Romero Vázquez, Alexis González Dulzaides

Autores
María del Rosario Martínez Luna, Guillermina Rodríguez Ortiz, Octavio Isario Guzmán, Ignacio Cordero Valentín, David Alejandro Valdés Toledo

Revisión técnico-pedagógica
Ana Flores Montañez, Sandra Villeda Ávila, Irma Laura Mendoza González, Óscar Palacios Ceballos

Coordinación editorial
Dirección Editorial, DGME
Alejandro Portilla de Buen, Pablo Martínez Lozada, Zamná Heredia Delgado

Cuidado editorial
Carlos Javier Orozco Hurtado

Ilustración
Flavia Zorrilla (pp. 5, 8-35, 157-162), María José Ramírez (pp. 4, 36-59, 149-151), José Luis Briseño (pp. 60-77, 141), Blanca Nayelli Barrera (pp. 4-5, 78-99, 133-137), Enrique Martínez (pp. 100-119), Francisco de Anda (p.125), Herenia González (pp. 127-129), Luis Carreño (pp. 30, 74, 97)

Diseño
Magali Gallegos Vázquez, Jéssica Berenice Géniz Ramírez

Investigación iconográfica
Martín Córdova Salinas

Portada
Diseño: Comisión Nacional de Libros de Texto Gratuitos

Primera edición, 2010

D.R. © Secretaría de Educación Pública, 2010
Argentina 28, Centro,
06020, México, D.F.

ISBN: 978-607-469-427-7

Impreso en México
DISTRIBUCIÓN GRATUITA-PROHIBIDA SU VENTA

Agradecimientos
La Secretaría de Educación Pública agradece a los más de 38 mil maestros y maestras, a las autoridades educativas de todo el país, al Sindicato Nacional de Trabajadores de la Educación, a expertos académicos, a los Coordinadores Estatales de Asesoría y Seguimiento para la Articulación de la Educación Básica, a los Coordinadores Estatales de Asesoría y Seguimiento para la Reforma de la Educación Primaria, a monitores, asesores y docentes de escuelas normales, por colaborar en la revisión de las diferentes versiones de los libros de texto llevada a cabo durante las Jornadas Nacionales y Estatales de Exploración de los Materiales Educativos y las Reuniones Regionales, realizadas en 2008 y 2009.

La SEP extiende un especial agradecimiento a la Organización de Estados Iberoamericanos para la Educación, la Ciencia y la Cultura (OEI), por su participación en el desarrollo de esta edición. También se agradece el apoyo de las siguientes instituciones: Universidad Nacional Autónoma de México, Universidad Autónoma Metropolitana, Centro de Educación y Capacitación para el Desarrollo Sustentable de la Secretaría de Medio Ambiente y Recursos Naturales, Ministerio de Educación de la República de Cuba. Asimismo, la Secretaría de Educación Pública extiende su agradecimiento a todas aquellas personas e instituciones que de manera directa e indirecta contribuyeron a la realización del presente libro de texto.

Presentación

La Secretaría de Educación Pública, en el marco de la Reforma Integral de la Educación Básica, plantea un nuevo enfoque de libros de texto que hace énfasis en el trabajo y las actividades de los alumnos para el desarrollo de las competencias básicas para la vida y el trabajo. Este enfoque incorpora como apoyo Tecnologías de la Información y Comunicación (TIC), materiales y equipamientos audiovisuales e informáticos que, junto con las bibliotecas de aula y escolares, enriquecen el conocimiento en las escuelas mexicanas.

Este libro de texto integra estrategias innovadoras para el trabajo en el aula, demandando competencias docentes que aprovechen distintas fuentes de información, uso intensivo de la tecnología, y comprensión de las herramientas y los lenguajes que niños y jóvenes utilizan en la sociedad del conocimiento. Al mismo tiempo se busca que los estudiantes adquieran habilidades para aprender por su cuenta y que los padres de familia valoren y acompañen el cambio hacia la escuela mexicana del futuro.

Su elaboración es el resultado de una serie de acciones de colaboración con múltiples actores, como la Alianza por la Calidad de la Educación, asociaciones de padres de familia, investigadores del campo de la educación, organismos evaluadores, maestros y colaboradores de diversas disciplinas, así como expertos en diseño y edición. Todos ellos han enriquecido el contenido de este libro desde distintas plataformas y a través de su experiencia, y la Secretaría de Educación Pública les extiende un sentido agradecimiento por el compromiso demostrado con cada niño residente en el territorio mexicano y con aquellos que se encuentran fuera de él.

Secretaría de Educación Pública

Índice

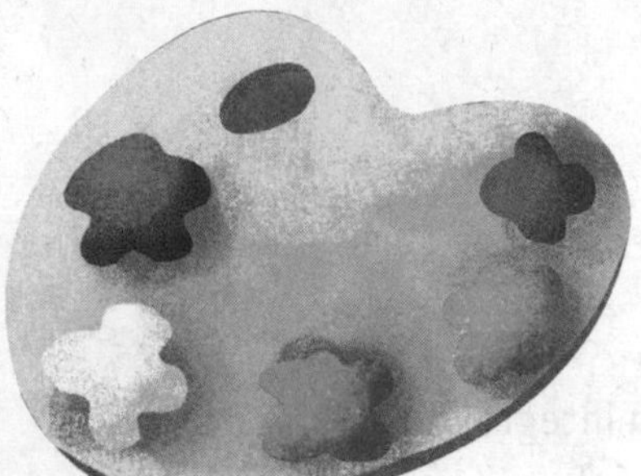

Conoce tu libro   6

Mi vida diaria   8

Autoevaluación   35
Recortable   153

Exploremos la naturaleza   36

Autoevaluación   59
Recortable   143

Mi comunidad   60

Autoevaluación   77
Recortable   137

Los trabajos y servicios de mi comunidad 78

Autoevaluación 99
Recortable 131

Juntos mejoramos nuestra vida 100

Autoevaluación 118
Recortable 121

Bibliografía 119

Conoce tu libro

Con la ayuda de este libro explorarás el lugar donde vives, descubrirás tu cuerpo, la naturaleza, tu comunidad, los medios de transporte, así como la prevención de accidentes y desastres.

Los temas de cada bloque se inician con una o dos preguntas. Podrás contestarlas encontrando pistas, que también te servirán para realizar el trabajo final de cada bloque: portafolio, maqueta, periódico mural y un mapa mental. Al inicio de cada bloque se indican los materiales necesarios para elaborar tus trabajos.

Con la ayuda de éstos, diseñarás un proyecto en beneficio de tu comunidad y pondrás en práctica todo lo que hayas aprendido en el curso. Las instrucciones para desarrollar tu proyecto las encontrarás en el bloque 5.

Puedes realizar las actividades de manera individual, en equipo o en grupo. En ellas también pueden participar los integrantes de tu familia, porque están pensadas para que las hagas en la escuela o en tu casa.

Secciones del libro:

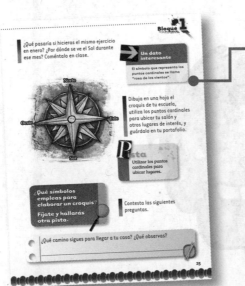

Un dato interesante
Información importante o curiosa relacionada con el tema que estás trabajando.

Recuerda que...

Recomendaciones que te ayudarán a cuidar tu salud.

A jugar

Te invita a realizar actividades con tus compañeros en las que utilizarás tus conocimientos.

El preguntón

Es un juego en el que utilizarás los conocimientos que hayas adquirido en cada bloque. Después de cada uno subirás de nivel conforme avance el ciclo escolar.

Autoevaluación

Al final de cada bloque habrá un momento reservado para que reflexiones sobre los cambios que has tenido en tu conducta y tus habilidades.

Cuando encuentres el siguiente icono utilizarás el material recortable ubicado en las últimas páginas del libro.

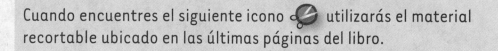

Bloque 1

Mi vida diaria

En el bloque 1 elaborarás un portafolio que contenga todas las pistas que hayas logrado conseguir. Cuando lo termines, preséntaselo a tus compañeros de grupo.

Materiales

Cartoncillos
Aguja
Estambre
Lápices de colores

He cambiado

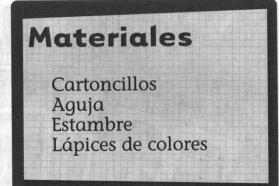

¿Cómo has cambiado?

Para saberlo, descubre la pista.

Esta semana, María y Saúl inician su segundo grado de primaria, y notan que han cambiado, y los demás también.

Observa las cuatro imágenes de la página siguiente.

Escribe los cambios que encuentres entre María y Saúl de cuando estaban en primer grado a hoy que inician segundo.

Saul estagrando enprimergrado. Maria esta fcils en segundo grado.

Consigue una foto o elabora un dibujo de cuando entraste a primer grado, y otra actual. ¿En qué cambiaste? Pega tu foto o dibujo en una hoja, escribe cuáles fueron tus cambios, en el reverso dibuja cómo imaginas que serás de adulto y guárdala en tu portafolio.

Observa los siguientes calendarios y cuenta los meses que han pasado desde que entraste a la primaria, anotando el año al que pertenecen.

Año _____

Año _____

¿Cuántos meses han pasado? _____

Recorta las páginas 163 y 165, escribe los cambios que se solicitan durante el año, y agrégalas a tu portafolio.

Las personas cambian con el paso de los meses y los años.

Pista

Los cambios que has tenido con el paso del tiempo.

A quién me parezco

¿Te pareces a algún familiar?

Compárate y lo descubrirás.

Saúl le pidió a su mamá que le enseñara fotos de su familia, y se dio cuenta de que es muy parecido a su abuelo.

Observa las siguientes fotografías y comenten en grupo en qué se parecen los integrantes.

13

¡A jugar!

Forma familias

Recorta la página 161 y forma familias con los personajes.

¿Por qué decidiste formar las familias de esa manera? Compara y comenta tu trabajo con un compañero.

Consigue fotografías de tu familia. Descubre quiénes tienen color de piel parecido al tuyo, de ojos, de cabello, la forma de la cara, boca o nariz. También puedes identificar si tus gestos o tono de voz se parecen a los de algún familiar.

Pega en una hoja algunas fotografías o haz un dibujo de tu familia. Escribe a quién te pareces y en qué, y guárdala en tu portafolio.

Pista

A quién te pareces.

Me cuido

¿Qué haces para cuidar tus sentidos?

Ponte alerta y encontrarás la pista.

Un día, María le contó a Saúl que fue al doctor, porque le dolían los oídos.

▌ Observa la siguiente imagen.

▌ Comenta en grupo qué le sucedió a María.

▌ ¿Te ha sucedido algo que haya puesto en peligro tus oídos, ojos, nariz, boca o piel? Coméntalo en grupo.

Escribe en una hoja las acciones que perjudican tus sentidos e ilústralas.

Es necesario que cuides tus sentidos: si metes objetos extraños a tus ojos, boca, oídos o nariz, te puedes lastimar.

Evita escuchar música con volumen alto, pues esto puede disminuir tu capacidad auditiva.

Probar cosas muy calientes o frías te puede lastimar el sentido del gusto.

Pista

Cómo cuidar tus sentidos.

¿Cómo nos ayuda la tecnología, si los sentidos no nos funcionan correctamente?

Observa a tu alrededor y encuentra la pista.

Durante su visita al médico, María conoció a Octavio, un niño que no podía ver, y le preguntó a su mamá cómo se puede caminar sin ver.

¿Cómo realizan sus actividades las personas que tienen dificultad para oír, ver o caminar? Coméntalo.

¡A jugar!

Veo, no veo

1. Formen parejas y cúbranle los ojos a su compañero con un paliacate.
2. Traten de caminar sin ninguna ayuda.
3. Dejen que un compañero los ayude.
4. Ahora utilicen un bastón (algún palo) para guiarse.

¿Qué sentiste al no poder ver? ¿Cómo te ayudó caminar con el bastón? ¿Cómo te sentiste cuando te ayudaron? Platícalo en grupo.

Algunos descubrimientos científicos han dado origen a aparatos tecnológicos que ayudan a mejorar la condición de vida de las personas que sufrieron daños en sus ojos, oídos u otras partes del cuerpo.

Investiga cómo ayudan estos aparatos a las personas que lo necesitan, y escríbelo.

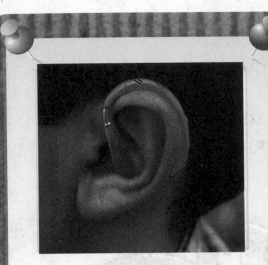

Auxiliar auditivo

Lentes

Bastón

Arnés para perro lazarillo

Busca y dibuja algún aparato científico o tecnológico que ayude a compensar la disminución en las funciones de los sentidos, y escribe debajo de él para qué sirve. Guarda tu hoja en el portafolio.

Pista

La tecnología les ayuda a los seres humanos cuando sus sentidos no funcionan correctamente.

Los alimentos

¿Cuáles son los alimentos que necesitas consumir para mantenerte sano?

La pista te lo dirá.

Al llegar a casa, Saúl le contó a su mamá que su amiga Josefina se había enfermado por comer muchas frituras y dulces.

Identifica los alimentos que consumes, y en el siguiente recuadro anota los alimentos que comiste ayer y la hora en que lo hiciste.

Mañana	Tarde	Noche
cocopetolis	Pueimósaia china	cocopebios bc

Haz una tabla similar, pero con la información de todos tus compañeros y analiza cuáles son los alimentos que más consumen.

Recuerda que...

Consumir poca sal en los alimentos contribuye a mantenerte sano y a disminuir el riesgo de sufrir enfermedades del corazón.

Observa el "Plato de bien comer", e identifica a qué grupo de alimentos pertenece lo que consumes. Revisa si en tu dieta y en la de tus compañeros se incluyen alimentos de los tres grupos.

Recuerda que...

El consumo elevado de grasas y golosinas coloca a México entre los primeros lugares de obesidad infantil en el mundo.

El sobrepeso es más común en las niñas y la obesidad en los niños.

Ahora dibuja los alimentos que existen en el lugar donde vives en el siguiente "Plato de bien comer".

A cocinar

Dibuja tu alimento preferido en una hoja, escribe por qué te gusta y guárdalo en tu portafolio.

De los alimentos que dibujaste en la actividad anterior, elije algunos y elabora tarjetas. En equipos revuélvanlas, y cada integrante, sin verlas, tome tres. El primero en formar una combinación con los tres grupos de alimentos ganará.

Los tres grupos de alimentos son:

- Verduras y frutas
- Cereales y leguminosas
- Alimentos de origen animal

Recuerda que los alimentos son necesarios para que tu cuerpo crezca y funcione correctamente.

Pista

Los alimentos que necesitas consumir para mantenerte sano.

21

Mi escuela cambia

¿Cuáles son los cambios que tuvo la escuela ahora que pasaste a segundo grado?

Mira con cuidado y obtén una pista.

Javier observó que la escuela se veía diferente al regresar de las vacaciones.

¿Qué cambios observas entre las imágenes de la página anterior?

_____

_____

_____

_____

Haz un recorrido por tu escuela e identifica los cambios que sucedieron durante las vacaciones.

¿Cómo estaba tu escuela antes? ¿Cómo está ahora? ¿Cambiaste de maestra o maestro, o de salón?

¿Cómo te sientes con los cambios en tu escuela? Coméntalo.

Dibuja los cambios que observaste en tu escuela al regresar a clases, descríbelos y guárdalos en tu portafolio.

Recuerda que...

Caminar, pasear a tu mascota, subir y bajar las escaleras, ayudar con las labores de la casa, jugar al aire libre, son actividades físicas que te ayudan a mantener una buena salud.

Pista

Los cambios que ha tenido tu escuela.

Cómo me oriento

¿Cómo localizas lugares?

Madrugando verás la pista.

Al regresar a la escuela, otro de los cambios para Javier fue que su salón de clases ya no era el mismo al que asistía el año anterior. Él quiere saber hacia dónde se encuentra el nuevo.

¿En qué dirección se encuentra el Sol cuando amanece?

Haz lo mismo que Javier. Muy temprano colócate frente al lugar por donde se halla el Sol, y extiende tus brazos: el izquierdo señalará hacia el norte, el derecho al sur, tu espalda hacia el oeste, y de frente se encontrará el este. Éstos son los puntos cardinales.

¿Qué pasaría si hicieras el mismo ejercicio en enero? ¿Por dónde se ve el Sol durante ese mes? Coméntalo en clase.

Un dato interesante

El símbolo que representa los puntos cardinales se llama "rosa de los vientos".

Norte

Oeste

Este

Sur

Dibuja en una hoja el croquis de tu escuela, utiliza los puntos cardinales para ubicar tu salón y otros lugares de interés, y guárdalo en tu portafolio.

Pista

Utilizar los puntos cardinales para ubicar lugares.

¿Qué símbolos empleas para elaborar un croquis?

Fíjate y hallarás otra pista.

Contesta las siguientes preguntas.

¿Qué camino sigues para llegar a tu casa? ¿Qué observas?

Los croquis nos ayudan a encontrar lugares fácilmente; son dibujos con símbolos que representan lugares.

 Recorta de la página 159 las imágenes que necesites para representar el recorrido que realizas de tu casa a la escuela.

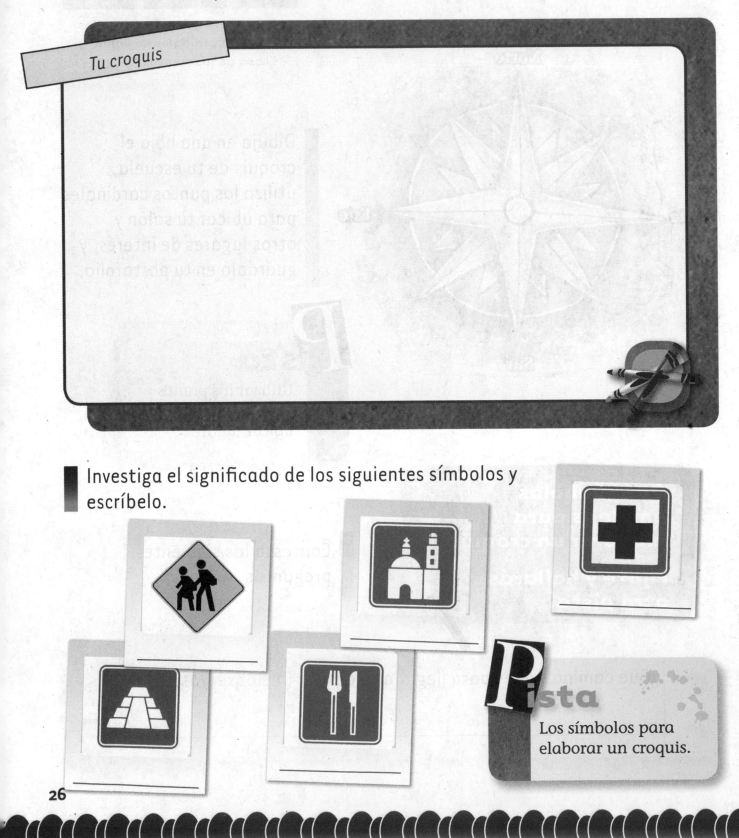

Tu croquis

Investiga el significado de los siguientes símbolos y escríbelo.

Pista

Los símbolos para elaborar un croquis.

El lugar donde vivo está en México

¿Dónde vives: en un pueblo o en la ciudad?

Al explorar lo sabrás.

Javier le llevó a Sandra las postales de algunos lugares que ha visitado para que las viera.

Ciudad de México

Popocatépetl, Puebla

San Miguel de Allende, Guanajuato

Guadalajara, Jalisco

Observa las fotografías anteriores y coméntalas.

¿El lugar donde vives es parecido a alguna de las imágenes? *RC*

¿Por qué? *Parese unbes*

Escribe el nombre del lugar donde vives: *Tunget OREgon*

Tunget es mi estado donde vivo

OREGON es el Pais

Comenta con tu maestro a qué entidad pertenece. Escríbelo en la siguiente línea.

_____

Ahora pregúntale si el nombre de tu entidad o ciudad tiene algún significado, o si era el de un personaje importante.

_____

_____

Calca el mapa de México de la página siguiente, resalta tu entidad y guárdalo en tu portafolio. Escríbele el nombre de nuestro país.

Pista

El pueblo o la ciudad donde vivo se encuentra en México.

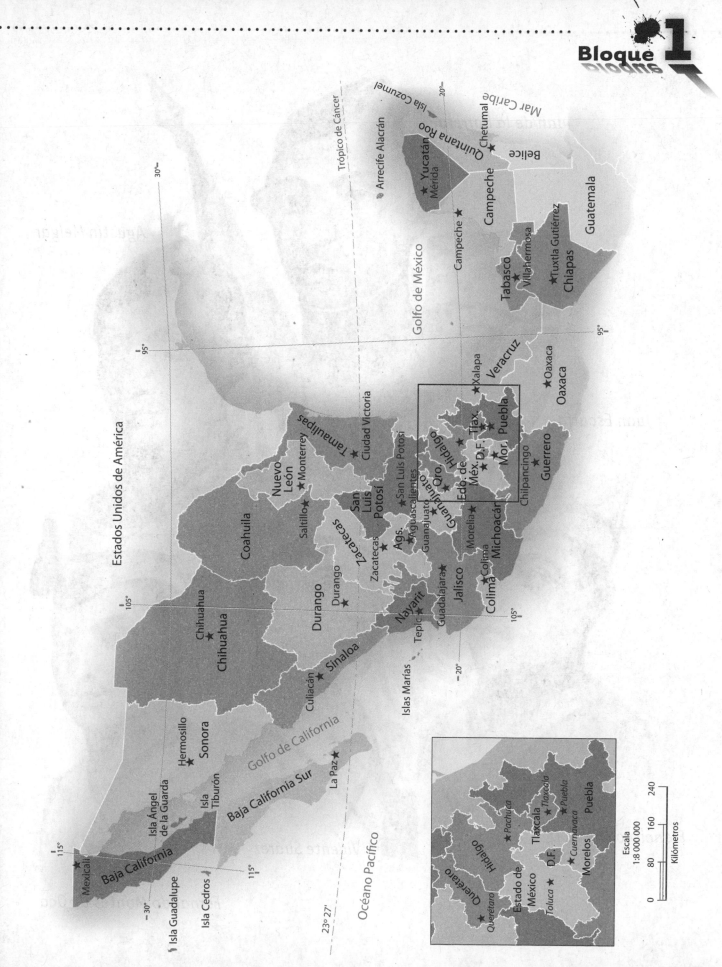

Juan de la Barrera

Agustín Melgar

Juan Escutia

Francisco Márquez

Vicente Suárez

Fernando Montes de Oca

La defensa del Castillo de Chapultepec

¿Por qué se conmemora la defensa del Castillo de Chapultepec?

La siguiente historia te revelará la pista.

La maestra de Javier y Sandra les platicó que en el Distrito Federal se encuentra un edificio histórico llamado "Castillo de Chapultepec", y les relató esta historia.

La defensa del Castillo de Chapultepec

En 1847, México estaba en guerra contra los Estados Unidos de América. El 13 de septiembre, el ejército norteamericano atacó el Colegio Militar de México, que en esa época se encontraba en el Castillo de Chapultepec.

En la defensa del colegio militar colaboraron alumnos, maestros y otros militares. Entre ellos se destacaron seis cadetes conocidos como los "Niños Héroes"; además, el teniente coronel de infantería, Felipe Santiago Xicoténcatl, y el director del colegio, el general José Mariano Monterde.

Al ver que, a pesar de los bombardeos, los mexicanos no se rendían, el ejército norteamericano decidió escalar el cerro y los muros del Castillo. Los cadetes se concentraron en las terrazas y en la enfermería, y lucharon cuerpo a cuerpo contra los atacantes. Mostraron gran valentía y amor por su patria.

¿Qué piensas sobre lo que sucedió en el Castillo de Chapultepec?

_____

_____

_____

_____

_____

Ahora lee el siguiente relato de la intervención norteamericana.

Cuando los estadounidenses atacaron el Castillo, ahí estudiaba Lorenzo, hermano del valiente capitán Juan Crisóstomo Cano, quien decidió quedarse a luchar.

El capitán, consciente de que la muerte era casi segura, le pidió a su hermano que le llevara una carta a su tío Andrés, en la que le explicaba que no se preocupara por ellos y que todo iba a estar bien.

También le dijo a su hermano que antes de regresar al Castillo, se esperara a que su tío leyera la carta. "¿Pero... para qué?", preguntó Lorenzo. El capitán le respondió que necesitaba que su tío le enviara una respuesta. Además, le sugirió que se diera prisa, porque el enemigo estaba ya muy cerca.

El hermano menor obedeció y fue a casa de su tío, quien leyó detenidamente el mensaje que decía, entre otras cosas, lo siguiente:

"Por favor, tío Andrés, ahora que sabes cómo será la guerra, la intención de enviarte esta carta con mi hermano es que ya no lo dejes regresar, no quiero que lo maten, al contrario, quiero que esté con ustedes y viva feliz. Yo defenderé el Castillo y mi país, aunque muera; a él, protégelo, y aunque quiera, por ningún motivo lo dejes regresar...".

Un dato interesante

Las cartas y otros documentos que las personas dejan escritos sirven para comprender lo que sucedió en el pasado.

¿Qué opinas del relato? ¿Cuál fue el propósito del capitán Juan Crisóstomo al enviarla con su hermano? Coméntenlo en grupo.

Pista

Saber por qué se conmemora la defensa del Castillo de Chapultepec.

¡A jugar!

Preguntón

Ahora organiza en tu grupo la presentación de tu portafolio. Platícales a tus compañeros sobre su contenido.

Recorta los tableros de las páginas 157 y 159 y únelos; después, recorta las tarjetas de las páginas 153 y 155.

Lee las instrucciones y juega con tus compañeros o familiares.

Las tarjetas de estas páginas pertenecen al primer nivel, conforme termines cada bloque, obtendrás más tarjetas para avanzar a otros niveles.

Autoevaluación

Cuido mi salud...

☐ Bebiendo agua potable.

☐ Consumiendo verduras y frutas.

Con mi portafolio logré...

☐ a) Descrubrir nuevos conocimientos.

☐ b) Organizar información.

☐ c) Presentárselo a mis compañeros.

Exploremos la naturaleza

Con las pistas que obtengas en el bloque 2 identificarás lo que hay a tu alrededor, y elaborarás una maqueta. Al final se la expondrás al grupo.

Qué hay en el cielo

¿Cómo son el Sol, la Luna y las estrellas?

Descúbrelo y encontrarás la pista.

Hace tiempo, en lo alto del cerro Coatépec vivía una anciana, madre de 400 guerreros y de una guerrera llamada Coyolxauhqui.

Una tarde vio descender una bolita de plumas de colores: azul, rojo y amarillo. La guardó entre sus ropas, y cuando se acordó de ella, notó que su vientre había crecido.

Angustiada por que sus hijos no se enteraran de que había quedado embarazada, decidió huir, pero en su camino escuchó una voz que le decía: "No temas, madre. Por tu enorme valor y bondad, yo te defenderé".

Cuando se encontró con sus hijos, apareció una nube azul con forma de guerrero, hermosamente ataviado, con el cuerpo azul y su xiuhcóatl en la mano. Se trataba de Huitzilopochtli.

Derribó a Coyolxauhqui de un golpe, haciéndola caer del cerro. Al ver esto, los otros hijos huyeron.

Esta batalla la vemos en el cielo todos los días, la Luna es Coyolxauhqui, y las estrellas son los hermanos que huyen ante la salida del Sol, Huitzilopochtli.

¿Te gustó la leyenda? Coméntenla en grupo. Si conoces alguna leyenda que hable sobre el Sol, la Luna o las estrellas, cuéntasela a tus compañeros.

Ahora que conoces a los personajes que están en el firmamento, sal del salón y observa el cielo, sin ver el Sol directamente, porque su luz puede dañar tus ojos.

Un dato interesante

En lengua náhuatl, los antiguos mexicanos al Sol lo llamaban "Tonatiuh" y a la Luna "Meztli".

Dibuja lo que hayas observado.

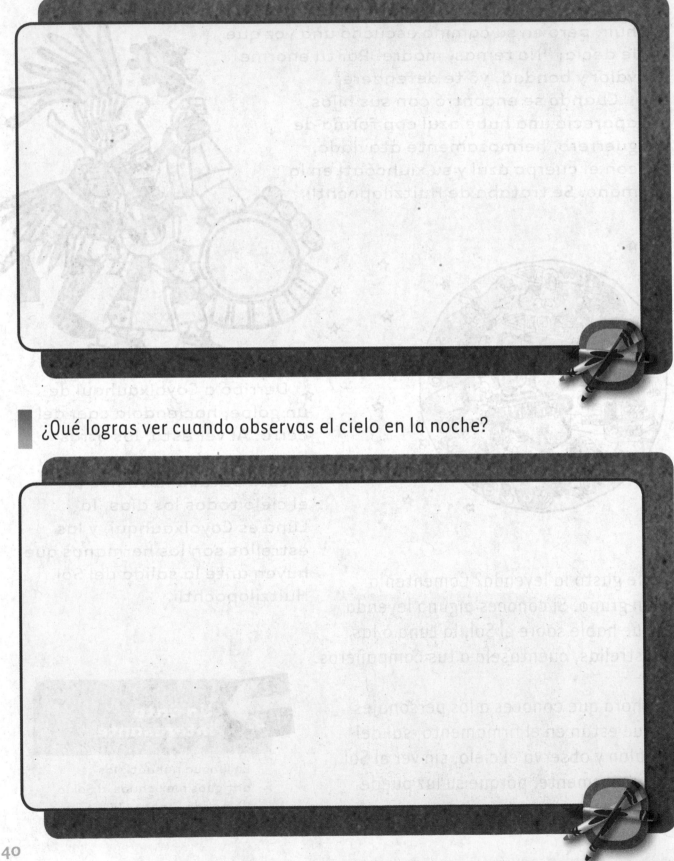

¿Qué logras ver cuando observas el cielo en la noche?

Observa las siguientes fotografías. Comenta con tu grupo las preguntas, y escribe algunas conclusiones.

¿Cómo es la Luna?

_____

_____

_____

_____

¿Cómo es el Sol?

_____

_____

_____

_____

¿Cómo son las estrellas?

_____

_____

_____

Realiza el siguiente ejercicio.

Consigue una lata pequeña, píntala de negro y llénala de agua hasta la mitad; también necesitas una botella de plástico con poca agua, una hoja de papel y un pedazo de mantequilla.

Déjalos al aire libre durante un día y una noche.

¿Qué pasó con los objetos al dejarlos en el día, y qué pasó con ellos en la noche?

Registra lo que hayas observado.

Material	Día	Noche
Lata con agua		
Botella de plástico		
Hoja de papel		
Mantequilla		

Comenta tus observaciones con tus compañeros.

El Sol es una estrella con luz propia; su energía llega a la Tierra en forma de luz y calor. Esta energía ayuda a que la vida se desarrolle en nuestro planeta.

La Luna es un satélite natural de la Tierra; no tiene luz propia, y sólo se ve porque el Sol la ilumina.

Las estrellas son cuerpos celestes con luz propia, pero debido a lo lejos que están de la Tierra, sólo se pueden ver como pequeños puntos luminosos.

Un dato interesante

El color que tiene una estrella demuestra la temperatura que posee: si es de color azul, es más caliente que si es roja.

Dibuja en tu cuaderno las diferentes formas en que representarías al Sol, la Luna y las estrellas.

Recorta las imágenes de la página 151 y pégalas en una hoja: en una mitad los objetos del día, y en otra, los objetos que se observan por la noche.

Pista

Todo lo que has aprendido sobre el Sol y los efectos que tiene sobre la Tierra, y los datos sobre la Luna y las estrellas.

Montañas, llanuras, ríos, lagos y mares

¿Cuáles son las diferencias entre montañas y llanuras?

¿Cuáles son las diferencias entre los ríos, lagos y mares?

Descúbrelas y hallarás la pista.

Cierta mañana, muy temprano, Sofía acompañó a su tío Jacinto al campo. Debían sacar los borregos y chivos para que comieran. Mientras caminaban, observaron lo que había a su alrededor.

Sofía le platicó que el lugar donde vive su tía Nora es muy distinto, porque no hay tantos árboles, ya que es más seco y plano.

Observa las imágenes de los lugares donde viven el tío Jacinto y la tía Nora. ¿Qué diferencias existen?

_____

_____

_____

_____

_____

_____

¡A jugar!

Crucigrama

Observa las siguientes imágenes y resuélvelo.

Vertical

1. Elevación natural de terreno.
2. Cuerpo de agua salada que cubre la mayor parte de la Tierra.
3. Corriente de agua continua que desemboca en un lago o mar.

Horizontal

4. Cuerpo de agua formado en lugares hundidos del terreno.
5. Campo o terreno plano, cuyas actividades principales son la agricultura y la ganadería.

Elabora un dibujo del lugar donde vives localizando las montañas, ríos, mares, lagos o llanuras que encuentres. Pregunta si tienen nombre y escríbelo.

Para completar la actividad, recorta las piezas de la página 149 y arma el rompecabezas.

Pista

Las diferencias que existen entre un montaña, una llanura, entre un río, un lago y un mar.

El agua cambia

¿Cuáles son los cambios del agua en la naturaleza?

Conócelos y obtén otra pista.

Sofía le dijo a su tío que tenía hambre, así que decidieron sentarse a comer. Ella observó en la punta de la montaña algo de color blanco: "¿Qué es eso, tío?", preguntó. "Es nieve."

Comenta la siguiente pregunta: ¿qué le pasa a la nieve de la montaña cuando hace calor?

Recuerda que...

Tomar agua diariamente te ayuda a mantenerte sano.

Experimenta un poco: consigue algunos cubos de hielo.

Colócalos en la palma de tu mano o en un lugar donde les dé el Sol. ¿Qué pasará con ellos? ¿Por qué? Coméntalo en el grupo, y escribe tus conclusiones.

_____

_____

Ahora consigue un vaso o recipiente con tapadera, lleno de agua caliente. Pídele a un adulto que te ayude para no derramar el agua que podría quemarte.

Durante un minuto, tapa el recipiente que tiene agua caliente, después destápalo y toca el interior de la tapa. ¿Qué pasó?

_____

_____

Investiga y realiza otros experimentos en los que puedas ver los cambios del agua.

Los estados del agua son: sólido, líquido y gaseoso. En la naturaleza se encuentran, por ejemplo, en el hielo, en un río o en el vapor.

Encierra con direrentes colores los 3 estados físicos del agua.

Relaciones en la naturaleza

¿Qué características tienen los animales y las plantas del lugar donde vives?

Averígualas y obtén otra pista.

Cuando caminaban de regreso entre árboles enormes y hojarasca, miraron entre las ramas una ardilla brincando de un árbol a otro.

¿Qué animales observas en la imagen?

_____

_____

¿Qué plantas observas?

_____

_____

Las plantas y los animales forman parte de la naturaleza.

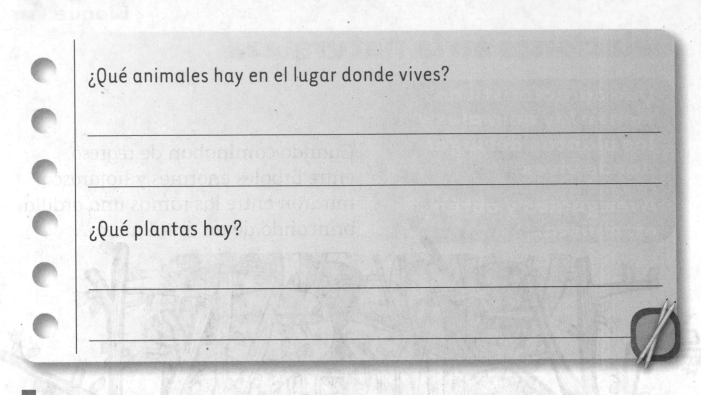

¿Qué animales hay en el lugar donde vives?

_____

_____

¿Qué plantas hay?

_____

_____

Dibuja plantas y animales propias del lugar donde vives.

Investiga en qué lugar viven los siguientes animales, y escríbelo.

_____

_____

_____

_____

_____

_____

_____

_____

_____

Las plantas y los animales pueden ser terrestres o acuáticos, es decir, pueden vivir en la tierra o en el agua.

Escribe si los siguientes animales y plantas son terrestres o acuáticos.

_____

_____

_____

_____

¿Qué otros animales y plantas conoces? Dibújalos y escribe su clasificación.

Recorta de la página 147 las fotografías de los animales, y pégalas en una hoja dibujando el lugar donde viven.

Las características de plantas y animales.

Formen equipos, recuperen las pistas y elaboren su maqueta, en la que incluyan plantas y animales del lugar donde viven, además de ríos, lagos o montañas. Cuando terminen muéstrensela al grupo.

El inicio de la Revolución Mexicana

¿Quiénes participaron en la Revolución Mexicana?

Conócelos y conseguirás la última pista.

Al regresar a casa, Sofía vio colgada una foto, y le preguntó a su tío: "¿Quién es ése?". "Es mi tatarabuelo, quien participó en la Revolución Mexicana."

Observa las siguientes imágenes y comenta las diferencias entre ambas familias.

Durante la época en que México fue gobernado por Porfirio Díaz, el pueblo no elegía libremente a sus gobernantes. Había abusos y explotación contra obreros y campesinos.

Porfirio Díaz

Francisco I. Madero

Francisco I. Madero, en un documento llamado "Plan de San Luis", redactó algunas propuestas para solucionar los problemas del campo. El 20 de noviembre de 1910, Madero llamó a todos los mexicanos a luchar para mejorar la situación.

Madero encontró respuesta en diversas regiones del país: en Chihuahua, con Francisco Villa y Pascual Orozco, en Puebla, con los hermanos Aquiles, Máximo y Carmen Serdán, y en Morelos, con Emiliano Zapata. Para principios de 1911, los levantamientos revolucionarios se extendieron por gran parte de México.

Emiliano Zapata

Algunas de las ideas que se defendían en la Revolución Mexicana fueron las siguientes:

Multitud a la espera de la renuncia de Díaz

- Derecho a tener tierras para cultivar.
- Igualdad entre todos los mexicanos.
- Libertad para elegir a los gobernantes.

57

Lee los siguientes versos.

La tierra, sólo la tierra
Anónimo

La tierra, ¡sólo la tierra!
El indio se levantó,
por reconquistar la tierra
que el hacendado usurpó.
Zapata, el jefe suriano,
apóstol de convicción,
era la voz de la tierra,
su voz de liberación.
Ya conocen mi bandera,
muy sencillo es mi programa,
tierra, libertad y escuelas,
el campesino reclama.
Y si acaso no cumplimos,
lo que ya se prometió,
se irá de nuevo a las armas,
otra vez la rebelión.

En grupo, comenten qué expresan los versos del corrido, qué reclamaban los campesinos durante la Revolución, y por qué es importante valorar su trabajo. Anoten en su cuaderno la conclusión a la que hayan llegado.

¡A jugar!

Preguntón

Recorta las tarjetas de las páginas 143 y 145 para pasar al segundo nivel. ¡Diviértete!

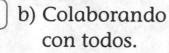

Autoevaluación

Cumplo con mis responsabilidades...

☐ a) Con orden y a tiempo.

☐ b) Colaborando con todos.

Con mi maqueta logré...

☐ a) Investigar.

☐ b) Explicar.

☐ c) Opinar.

Mi comunidad

Al final del bloque elaborarás un periódico mural con el que podrás mostrar cómo es tu comunidad. Enséñaselo a tus compañeros.

Materiales

Hojas de color
Colores
Tijeras
Pegamento
Marcadores
Revistas
Fotografías

El campo y la ciudad

¿**Cómo son el campo y la ciudad?**

Échales un vistazo y encuentra la pista.

Paola le platicó a David que durante sus vacaciones visitó Guadalajara, y se dio cuenta de que era muy diferente a su comunidad.

Observa las imágenes de la siguiente página y contesta en tu cuaderno las preguntas.

Recuerda que...
La ciudad es donde hay mayor número de fumadores. La gente comienza a fumar a partir de los 12 años.

Campo

Ciudad

¿Cómo son las casas de la ciudad? ¿Cómo se visten las personas del campo? ¿Dónde se ven más personas? ¿Cuál es el medio de transporte más usado en la ciudad? ¿Qué trabajos se realizan en el campo?

El campo y la ciudad son diferentes. En el campo, la mayor parte de las actividades son agrícolas, por ejemplo: sembrar productos como frijol, maíz, arroz, jitomate, cebollas y chile, o cuidar vacas, chivos, gallinas, cerdos y otros animales. El campo se caracteriza por tener pocos medios de transporte, hospitales, escuelas, y por que la mayoría de sus viviendas son de madera y barro.

La ciudad tiene una gran población, así como servicios de transporte, hospitales y escuelas, viviendas, edificios y grandes construcciones; las actividades que se realizan en ella son variadas.

Completa la siguiente oración.

"El lugar donde vivo es _____, porque sus características

son_____

_____ "

Platica con tus compañeros acerca de lo que respondieron.

Recorta las imágenes de la página 141 y pega en los siguientes croquis lo que haga falta para construir una escena del campo y una de la ciudad.

Campo

Ciudad

Recuerda que...

El fumador pasivo respira el humo del cigarro que otros fuman. Esto puede dañar gravemente tu salud.

Dibuja tu comunidad en una hoja, y escribe si es una ciudad o si pertenece al campo. Muéstrale el dibujo a tus compañeros y guárdalo para elaborar tu periódico mural.

Pista

Las características del campo y la ciudad.

El pasado de mi comunidad

El pasado de mi comunidad

¿Qué cambios ha tenido tu comunidad?

Identifícalos y tendrás otra pista.

Un día, Paola escuchó que su comunidad ha cambiado, y le preguntó a su abuelo José cómo era antes. Él le contestó: "Recuerdo que cuando llegamos a esta comunidad, había muchos árboles, y poquitas casas".

■ Observa y comenta.

Antes

Las comunidades cambian con el paso del tiempo.

Después

Recorta las imágenes de la página 141, y pégalas en el recuadro que corresponda.

Antes

Después

Pregúntales a tus papás, abuelos y personas mayores que conozcas, los siguientes datos.

¿Cómo se llama tu comunidad?

_____

¿Cuál es el origen de su nombre o qué significa?

_____

Compara y comenta tus respuestas con las de otros compañeros.

Pídeles a tus abuelos o a tus papás una fotografía de tu comunidad. Todos en el salón reúnanlas y ordénenlas cronológicamente para formar una línea del tiempo.

 **P**ista

Los cambios que ha tenido tu comunidad a lo largo del tiempo.

Costumbres y tradiciones

¿Cómo han cambiado las festividades de tu comunidad?

Investígalo y obtendrás la pista.

La tía de Paola se llama Dorotea; ella es de Pátzcuaro, Michoacán. Paola le preguntó sobre las tradiciones que la gente tiene en ese lugar, y ella le platicó que una de ellas es adornar las tumbas del panteón con flores, colocarles comida y pasar la noche a su lado durante la fiesta de día de muertos.

¿Cuáles son los festejos tradicionales que se realizan en tu comunidad?

_____

¿En tu familia cómo acostumbran festejarlos?

_____

Coméntaselo a tus compañeros, y marca en un calendario las fechas en que se llevan a cabo.

Ahora selecciona una de las festividades de tu comunidad y pregúntales a tus abuelos o papás cómo acostumbraban festejarla cuando ellos eran niños. Con la información que obtengas elabora una reseña y léela en el grupo.

Para conocer más sobre tus tradiciones investiga lo siguiente.

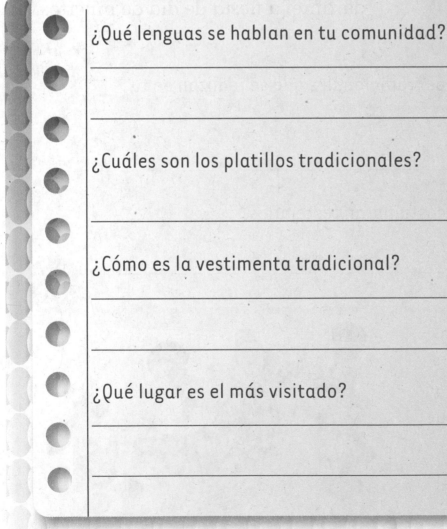

¿Qué lenguas se hablan en tu comunidad?

_____

_____

¿Cuáles son los platillos tradicionales?

_____

¿Cómo es la vestimenta tradicional?

_____

_____

¿Qué lugar es el más visitado?

_____

_____

Compara y comenta tus respuestas con las de tus compañeros.

Festival Cervantino

Investiga las tradiciones que se festejan en otras comunidades y compáralas con las de tu comunidad. Ahora completa el siguiente cuadro.

Costumbres y tradiciones

	Mi comunidad	Otra comunidad
Nombre del festejo		
Música con la que se acompaña		
Vestimenta tradicional		
Lengua que se habla en el lugar		

Las fiestas y tradiciones de una comunidad no siempre son iguales a las de otras, pues cada comunidad tiene características propias. Por eso, en nuestro país tenemos una gran variedad de tradiciones que enriquecen nuestra cultura.

Pista

Las costumbres y tradiciones se celebran de diferente manera, y su festejo cambia con el tiempo.

La migración en mi comunidad

¿Por qué se desplazan las personas de una comunidad a otra?

Lo sabrás al encontrar la pista.

Otro de los tíos de Paola es médico. Se llama Andrés, y vive en Saltillo, Coahuila. Le contó que cuando él era pequeño, no había médicos ni hospitales en su comunidad.

Además, la escuela estaba muy lejos, y por eso decidió irse a la ciudad.

Las personas se cambian del lugar donde viven en busca de mejores condiciones para su familia. Por diversos motivos, tienen que vivir en otras comunidades, ciudades o países que no son donde nacieron, se desplazan de un lugar a otro, y este movimiento se llama migración.

Realízale la siguiente encuesta a un adulto.

Nombre:_____ Edad:_____

Lugar donde vive:_____

¿Es originario del lugar donde vive?_____

¿Cuánto tiempo lleva viviendo ahí?_____

¿Alguna vez se cambió de comunidad o ciudad?_____

¿Por qué?_____

_____

¿En el lugar donde vive encuentra lo que necesita?_____

En grupo, comparen las respuestas que hayan obtenido, y coméntenlas.

¿Por qué piensas que las personas se cambian de un lugar a otro?

_____

_____

_____

Inviten al salón a una persona que haya llegado recientemente a su comunidad para que les platique su experiencia.

Pista

Las personas migran para encontrar mejores condiciones de vida.

La Bandera Nacional

¿Cuál es el origen y significado del Escudo Nacional y de los colores de la Bandera?

Para conocerlo busca la pista.

Su tío Andrés le platicó a Paola que los colores de la bandera tienen su origen en la Bandera Trigarante, con la que Agustín de Iturbide declaró la independencia mexicana de España en 1821. En ese entonces, se le dio el siguiente significado: el verde simbolizaba la independencia, el blanco, la pureza, y el rojo, la unión de los mexicanos.

El Escudo Nacional Mexicano se inspira en la leyenda prehispánica según la cual, Huitzilopochtli, el más importante de los dioses mexicas, les dijo que encontrarían el lugar adecuado para fundar Tenochtitlan al hallar un águila parada sobre un nopal devorando una serpiente.

Agustín de Iturbide

¿Por qué es importante apreciar nuestra bandera?

_____

_____

_____

La Bandera Nacional simboliza nuestro origen, nuestros sentimientos y nuestra identidad como mexicanos, por eso es importante respetarla, y la conmemoramos el 24 de febrero.

Dibuja en un calendario una bandera sobre el día en que la festejamos.

Pista

El significado de dos de nuestros símbolos patrios, la Bandera y el Escudo nacionales; así como el día en que conmemoramos nuestro lábaro patrio: el 24 de febrero.

Ahora que tienen todas las pistas, formen equipos y reúnanlas. Con la ayuda de su profesor elaboren su periódico mural y preséntenselo al grupo.

¡A jugar!

Preguntón

Recorta las tarjetas de las páginas 137, 139 y 141 para jugar el tercer nivel.

Autoevaluación

Me gusta trabajar con...

☐ a) Otras compañeras y compañeros que se parecen a mí en su forma de vestir y de peinarse.

☐ b) Otras compañeras y compañeros que son distintos de mí.

Para realizar mi periódico mural pude...

☐ a) Reunir las pistas.

☐ b) Organizarlas dentro de él.

☐ c) Exponerlo ante todos los compañeros de la clase.

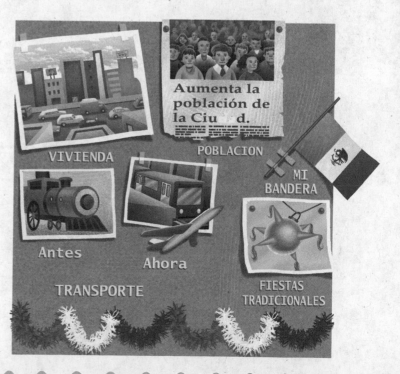

Bloque 4

Los trabajos y servicios de mi comunidad

En este bloque elaborarás un mapa mental con las actividades que realizarás acerca de los recursos naturales, los transportes, el comercio, los productos y los servicios públicos de tu comunidad, siguiendo este modelo.

Pista

Pista

Pista

Título

Pista

Pista

Pista

Pista

Materiales

Cartulinas, marcadores, regla y pegamento

Los recursos naturales

¿Cuáles son los recursos naturales y qué importancia tienen en nuestra vida?

Identifícalos y encuentra la pista.

En clase, Leonor le comentó a Pati que viajó con sus padres a Campeche y en el camino vio ríos, y muchas plantas y animales.

Observa las siguientes imágenes y escribe en tu cuaderno de dónde provienen los siguientes productos.

Silla

Zapatos

Camisa

Frutas

Gasolina

Las plantas, los animales, el agua, el Sol y los minerales, son recursos naturales con los que podemos elaborar diversos productos. Por ejemplo, con el petróleo se produce la gasolina.

Une los objetos con los recursos naturales con que están hechos o con el lugar de donde provienen.

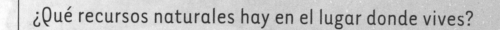

¿Qué recursos naturales hay en el lugar donde vives?

_____

_____

¿Qué pasaría si no tuviéramos recursos naturales?

_____

_____

Observa las dos imágenes siguientes.

¿Por qué es importante cuidar los recursos naturales?

En una hoja dibuja un recurso natural, y escribe en tu cuaderno qué importancia tiene para las actividades humanas.

Guarda tu dibujo para el mapa mental.

Pista

La importancia de los recursos naturales.

Productos del campo y de las industrias

¿**Dónde se obtienen los productos que utilizas?**

Sigue el proceso y lo sabrás.

En Campeche, Leonor y su mamá compraron una blusa de algodón bordada para cada una.

Campo de algodón

Organízate con tu grupo: escriban en el pizarrón algunos objetos que haya en el salón e identifiquen qué recursos naturales se utilizaron para elaborarlos.

Comparen sus respuestas.

Fábrica textil

Observa el proceso para elaborar una blusa de algodón y encierra los recursos naturales que se utilizan.

Taller de costura

¿Sabes cómo se elabora una silla de madera, un jugo de naranja o los costales de henequén? Elige uno de estos objetos o alguno de tu comunidad, y dibuja el proceso para elaborarlo.

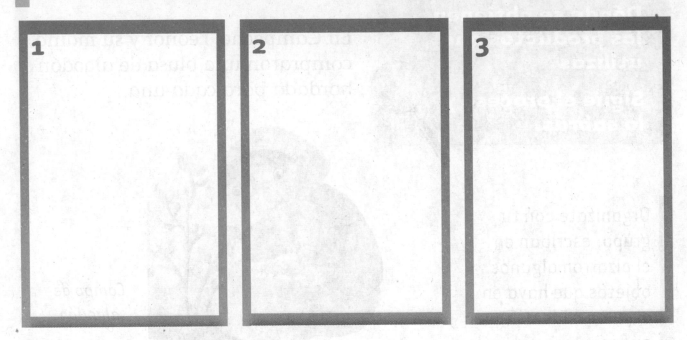

1	2	3

Compara tus dibujos con los de tus compañeros. Si te faltó algún paso, dibújalo.

Observa el proceso que se sigue para elaborar las tortillas.

Dibuja el proceso de elaboración de un producto con los siguientes pasos.

Antes	Durante	Después
Recurso natural	Proceso de elaboración	Producto

Investiga de dónde provienen los siguientes productos, ¿del campo o de la industria? Compara tus respuestas con tus compañeros.

Pista

Los productos provienen del campo o de la industria.

El comercio y los transportes

¿Qué importancia tienen el comercio y los transportes para el desarrollo de las comunidades?

Viaja para hallar la pista.

En Campeche Leonor observó que de un barco descargaban autos.

Contesta las siguientes preguntas.

¿Qué otros productos transportan los barcos?

_____

_____

_____

_____

Investiga y escribe qué puede transportar un tren, un avión, un caballo y una bicicleta. Coméntalo en grupo.

_____

_____

_____

_____

Los transportes se clasifican en terrestres, aéreos y marinos.

Terrestres

Aéreos

Marinos

¿Qué otros medios de transporte conoces? Dibújalos.

Marca con una ✔ dónde se realizan las compras y ventas de los productos de tu comunidad.

MERCADO
MERCADO

TIENDITA

☐   ☐   ☐

→→ **Un dato interesante**

La palabra "tianguis" proviene de *tianquiztli*, que en náhuatl significa mercado. Los nahuas establecían los tianguis cada cinco días, y entre los más importantes estaban los de Tenochtitlan, Texcoco, Tlaxcala, Xochimilco y Huejotzingo.

TIENDA RURAL

$7 $8

☐   ☐

SUPERMERCADO

☐

Investiguen y comenten en grupo de qué lugar vienen los productos que venden en su comunidad, y qué productos de su comunidad se llevan a otros lugares para venderlos.

Dibuja algunos de estos productos.

El comercio es una actividad en la que se intercambian productos y servicios. Para hacer que éstos lleguen de un lugar a otro se utiliza el transporte.

En una hoja dibuja los transportes que hay en tu comunidad y qué productos trasladan.

Pista

La importancia que tienen los transportes y el comercio.

Los servicios públicos

¿Qué beneficios te brindan los servicios públicos?

Usarlos responsablemente te dará la pista.

Leonor se quedó con sus primas en Campeche ocho días. Allá el camión de basura pasa tres veces por semana.

¿Qué observas en la imagen?

El pavimento de las calles, la recolección de basura y la distribución de la energía eléctrica son servicios muy importantes.

Seguramente, en el lugar donde vives existen diferentes servicios públicos. Coméntalos en grupo, y en el siguiente recuadro registren los que existen y los que hacen falta.

Servicios públicos que hay	Servicios públicos que faltan

Comenta con tus compañeros qué pasaría si en tu comunidad no hubiera servicios públicos.

De igual manera, es importante cuidar los servicios con los que contamos. ¿Qué acciones contribuyen al cuidado de los siguientes servicios? Escríbanlo en una hoja.

Con la información que hayan escrito, realicen un cartel en equipos, que muestre los beneficios que aportan los servicios públicos a su comunidad y cómo se pueden cuidar.

La electricidad es un servicio público. ¿Qué actividades puedes realizar gracias a ella? Dibuja dos aparatos que funcionen con electricidad y anota para qué sirven. Coméntalo con tus compañeros.

Comenten en grupo las diferencias que encuentren entre las siguientes imágenes.

Antes

Ahora

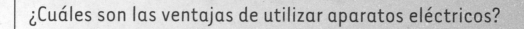

¿Cuáles son las ventajas de utilizar aparatos eléctricos?

Aunque son muy fáciles de utilizar, se debe tener mucha precaución con los aparatos eléctricos. Observa las siguientes imágenes y comenta cómo puedes evitar accidentes al usarlos.

Dibuja cómo han cambiado los servicios públicos y guarda tu trabajo para el mapa mental.

Recuerda utilizar adecuadamente los aparatos e instalaciones eléctricos, para evitar accidentes que te provoquen heridas o quemaduras.

Pista

Los beneficios que te brindan servicios públicos como la electricidad, y cómo han cambiado con el tiempo.

Los trabajos de ayer y hoy

¿**Cómo han cambiado los trabajos en tu comunidad?**

Trabaja para encontrar la pista.

En el mercado municipal de Campeche Leonor y sus primas vieron un señor haciendo un morral de henequén.

¿Qué trabajos se realizan en tu comunidad?

_____

_____

Observa las siguientes imágenes y coméntalas.

¿Cómo han cambiado los trabajos en tu comunidad a lo largo del tiempo?

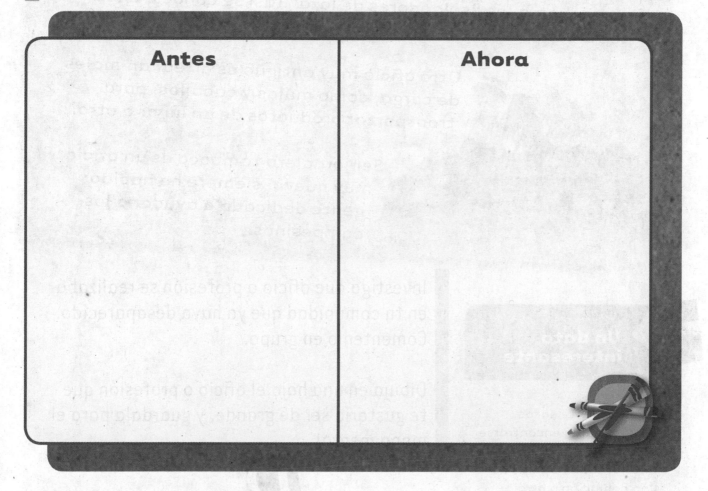

Antes	Ahora

Recorta el memorama de las páginas 135 y 137, y juega a descubrir las herramientas que utilizan las personas para realizar su trabajo.

Comenta qué herramientas utiliza la gente para trabajar en tu comunidad.

"Los oficios antiguos"

Hace tiempo, productos como los cubiertos, los libros y los autos, sólo se fabricaban a mano. Uno de los oficios más antiguos del ser humano es la herrería, que siempre se ha realizado en lugares llamados "fraguas", en los que se elaboran utensilios de fierro. Cuando a las señoras se les rompía una olla, esperaban a los "soldadores de loza" (así se conocía a los herreros) para que la repararan.

Otro oficio muy antiguo es arrear animales de carga, como mulas y caballos, para transportar productos de un lugar a otro.

Ser jornalero tampoco es un oficio muy nuevo: siempre ha habido gente dedicada a ayudar a los campesinos.

Investiga qué oficio o profesión se realizaba en tu comunidad que ya haya desaparecido. Coméntenlo en grupo.

Dibuja en una hoja el oficio o profesión que te gustaría ser de grande, y guárdala para el mapa mental.

➡️ **Un dato interesante**

Antiguamente en las plazas podían encontrarse "cantores": personas que llevaban noticias de una población a otra, escribiendo sus corridos en papel para venderlos. Gracias a su labor, la gente se enteraba de lo que ocurría en otros lugares.

Pista

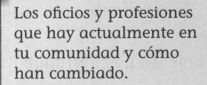

Los oficios y profesiones que hay actualmente en tu comunidad y cómo han cambiado.

La Expropiación Petrolera

¿Qué conmemoramos los mexicanos el 18 de marzo?

La historia te dará la pista.

En Campeche, desde la autopista se alcanzan a ver estructuras metálicas en medio del mar. "Mira, Leonor, ésas son plataformas de Pemex, donde se extrae el petróleo", le dijo su tío Ignacio.

Hace muchos años, eran extranjeras las empresas que extraían el petróleo dentro del territorio mexicano. Sin embargo, el 18 de marzo de 1938, el presidente Lázaro Cárdenas les quitó el derecho de seguir haciéndolo.

La población contribuyó con bienes materiales para que el gobierno mexicano pudiera comprar las plataformas y plantas de las empresas europeas y norteamericanas que extraían este recurso natural.

¿Qué productos conoces que se obtengan a partir del procesamiento del petróleo? Recorta de la página 133 las imágenes que los muestran, y pégalas en el siguiente mapa mental.

Pista

Se celebra la Expropiación Petrolera.

Petróleo

Reúnan sus pistas y elaboren el mapa mental de todo el bloque.

 Recorta las tarjetas de las páginas 131 y 133. Con ellas jugarás el cuarto nivel.

¡A jugar!

Preguntón

Autoevaluación

Mi actitud para preservar los recursos naturales es...

☐ a) Responsable.

☐ b) Poco cuidadosa.

Con mi mapa mental...

☐ a) Investigué.

☐ b) Organicé la información.

☐ c) Lo expliqué.

Juntos mejoramos nuestra vida

De los siguientes elementos: portafolio, periódico mural, maqueta o mapa mental, decide cuál utilizarás para exponer el tema "Mejoremos nuestra comunidad". Cuando termines, preséntale tu trabajo al grupo.

Prevención de quemaduras

¿Cómo identificas la temperatura de los objetos? ¿Cómo te cuidas para prevenir accidentes?

Para no quemarte consigue la pista.

Mónica se baña por las noches. En una ocasión, su mamá la llamó para que se metiera en la tina: "¡Moni, ven que ya tengo todo listo para que te bañes!". Cuando llegó y tocó el agua, le dijo: "¡Mamá, pero que el agua esté tibia, por favor! La otra vez estaba muy caliente".

¿Por qué le pidió a su mamá que el agua no estuviera caliente? ¿Qué pasaría si se bañara con el agua hirviendo? Coméntalo.

Cuando Mónica entre al baño, ¿con qué debe tener cuidado? ¿Por qué? ¿Qué le podría pasar, si no tuviera cuidado? ¿Qué tiene que hacer para prevenir un accidente? Coméntalo con tu grupo.

Es importante ser cuidadoso al utilizar objetos calientes, ya que pueden quemarte. Platica con tus compañeros si han tenido algún accidente con éstos.

Realiza la siguiente actividad.

1. Mete tus manos en agua con hielos.
2. Sácalas y toca tu rostro. ¿Cómo se sienten?
3. Ahora frótalas.
4. Deja de frotarlas, y ponlas luego, luego en tu rostro nuevamente.

Registra tu experiencia.

Experimento	¿Qué le pasó a tus manos?	¿Qué sentiste al tocar tu cara?	¿Qué sentido ocupaste?
Manos en agua con hielos			
Manos frotadas			

Comenta tus respuestas con tus compañeros.

Ahora, en equipos, reúnan los siguientes objetos:

- Una botella de plástico
- Una cuchara de metal
- Una cuchara de madera

1. Coloquen los tres objetos bajo el rayo del Sol durante dos horas.

2. Después de ese tiempo, toquen los objetos y escriban cómo está su temperatura: fría, tibia, caliente o muy caliente.

| Cuchara de metal | Cuchara de madera | Botella de plástico |

¿Por qué se calentaron los objetos?

_____

¿Qué objeto se calentó más?

_____

¿Por qué piensan que se calentó uno más que otro?

_____

Observa las siguientes imágenes y luego coméntenlas en grupo.

De estas acciones: ¿cuáles son peligrosas? ¿Por qué? ¿Cómo puedes prevenir los peligros que representan? ¿Qué les recomendarías a los niños de cada imagen?

Escribe recomendaciones para prevenir un accidente con objetos o líquidos calientes.

_____

_____

_____

Pista

Identifico la temperatura de los objetos para prevenir accidentes.

Prevención de desastres

¿Cómo participas en la prevención de desastres?

No corras, grites ni empujes y llegarás a la pista.

Mientras Mónica se bañaba le platicó a su mamá que en la escuela se hizo un simulacro.

Existen riesgos que ponen en peligro nuestra vida, los bienes materiales y el ambiente. Por eso es necesario saber qué hacer para prevenir los desastres, y cómo apoyar a las personas que lo necesiten.

Observa y comenta las siguientes fotografías.

Los desastres pueden ser provocados por fenómenos naturales como la lluvia, o por causas humanas, como una fogata mal apagada.

- ¿Qué situaciones de riesgo que puedan provocar un desastre existen en el lugar donde vives?
- ¿Qué acciones se realizan para prevenir estos desastres?
- ¿Sabes qué hacer cuando sucede un desastre?

Observa las siguientes imágenes y escribe qué representan.

Busca alguna señal de seguridad y completa el siguiente cuadro.

Un simulacro es un ejercicio que sirve para prevenir y saber qué hacer ante un evento que pueda poner en peligro la vida.

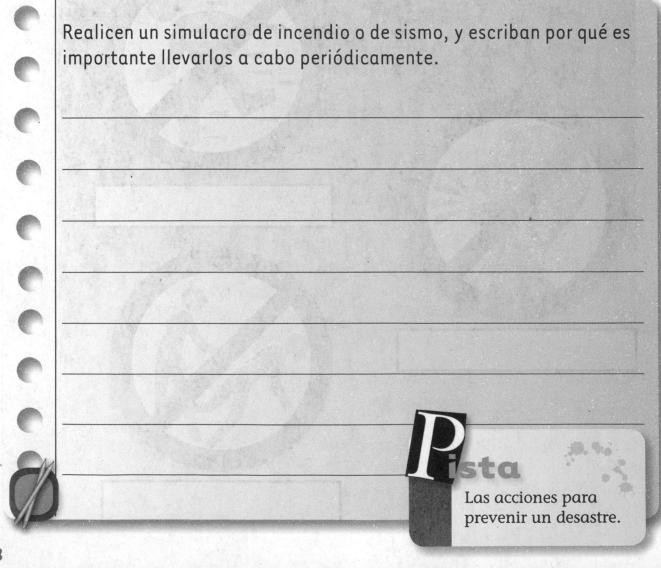

Realicen un simulacro de incendio o de sismo, y escriban por qué es importante llevarlos a cabo periódicamente.

_____

_____

_____

_____

_____

_____

_____

Pista

Las acciones para prevenir un desastre.

Cuidado ambiental

¿Qué hago para cuidar el ambiente?

Disfrútalo para encontrar otra pista.

¡A jugar!

El juez

"Pero, sabes qué, no todos mis compañeros quisieron participar en el simulacro, y mi maestra les explicó por qué es importante realizar algunas acciones aunque aún no las entendamos."

Pongamos en práctica lo que has aprendido acerca de cuidar el ambiente jugando a "El juez".

Recorta las tarjetas de las páginas 127 y 129, obsérvalas y juega.

Elijan a un compañero para que sea el juez.

Formen tres equipos:

- Equipo 1: jurado.
- Equipo 2: le corresponden las tarjetas rojas.
- Equipo 3: le corresponden las tarjetas verdes.

El juez le dará la palabra a cada equipo.

Los equipos rojos y verdes deberán defender lo que muestran las tarjetas, aunque no estén de acuerdo.

Al final, el jurado dirá quién tiene la razón y por qué.

Al terminar el juego, comenten cómo se sintió cada uno en el papel que le tocó representar.

Hagan una campaña en favor del cuidado ambiental de su comunidad.

Ahora escriban y dibujen sus propuestas para realizar las siguientes acciones:

- Aprovechar responsablemente el agua
- Mantener los espacios limpios
- Ahorrar la energía eléctrica
- Proteger las áreas naturales
- Clasificar la basura en orgánica e inorgánica
- Proponer medidas para no producir tanta basura

¡A jugar!

Serpientes y escaleras

Recorta el tablero de la página 125.

1. Para jugar se requieren un dado y algunas fichas. Decidan quién tirará el dado primero.

2. Cada jugador lanzará el dado y avanzará el número de casillas que éste indique. Si le toca llegar a una casilla donde se inicia una escalera, tendrá la suerte de subir por ella, pero si le toca el hocico de la serpiente, tendrá que bajar hasta la cola.

3. Ganará el primero que llegue a la meta.

Reflexiona sobre las acciones que te muestran las imágenes del juego, y coméntalas.

Pista

Las acciones para cuidar el ambiente.

Proyecto: Mejoremos nuestra comunidad

"Mamá, acuérdate de que mañana en la escuela presentaremos los trabajos que hicimos durante el año, y tienes que ir", le dijo Mónica a su mamá.

Organicen su propia exposición tomando en cuenta lo siguiente:

1. Formen equipos.

2. Decidan qué equipo va a presentar el portafolio, cuál la maqueta, el periódico mural y el mapa mental, respectivamente.

3. Cada alumno expondrá su trabajo de acuerdo al equipo en el que se encuentre. Si les toca el mapa mental o el periódico mural, cada uno será presentado por todos los integrantes del equipo.

4. Escriban una nota que explique el contenido de su trabajo, cómo lo hicieron y lo que aprendieron al realizarlo.

5. Acuerden el orden en que presentarán los trabajos.

6. Escojan un lugar para colocar los trabajos después de la exposición, y que todos los puedan ver.

7. Hagan una invitación en donde se escriba el nombre de la persona que están invitando, el motivo de la invitación, la hora y el lugar donde se expondrán los trabajos.

8. Coloquen una cartulina para que los invitados escriban sugerencias para mejorar los trabajos presentados.

9. Al terminar la exposición, coloquen los trabajos en los lugares asignados.

¿Cómo fue tu participación dentro del equipo?

Ahora escriban y analicen en su cuaderno las sugerencias que les hicieron para mejorar sus trabajos.

La conmemoración del Día del Trabajo

¿Por qué celebramos el día del trabajo?

Defiende tus derechos, y llegarás a la pista.

El hermano de Mónica le platicó que el 1° de mayo iba a desfilar con sus compañeros de trabajo. Mónica le preguntó: "¿Por qué vas a desfilar?".

A lo largo de la historia, los trabajadores han sido tratados injustamente. Los dueños de las fábricas no pagaban lo suficiente, o los hacían trabajar muchas horas, discriminándolos, y no dándoles atención médica. Por ello, han tenido que luchar para defender sus derechos como trabajadores.

Una de las protestas más importantes sucedió el 1º de mayo de 1886, cuando los obreros de algunas fábricas de Chicago, Estados Unidos, les advirtieron a los empresarios y al gobierno que si no se respetaba la jornada de ocho horas diarias, dejarían de trabajar.

Al iniciar la huelga, muchos trabajadores fueron amenazados o despedidos; otros, golpeados o acusados de rebeldía y de provocar actos de violencia. Incluso, en 1887, algunos obreros fueron encarcelados y otros llevados a la horca.

En 1889 se celebró el Congreso de Trabajadores en París, en el que se estableció, en honor a esos obreros asesinados, que cada 1º de mayo se celebraría el Día Internacional del Trabajo, y que ellos serían recordados como los "Mártires de Chicago".

La lucha de estos obreros logró establecer la jornada laboral diaria: ocho horas máximo. Sin embargo, en México, este derecho llegó hasta después de la Revolución Mexicana: en el artículo 123 de la Constitución de 1917.

Observa las siguientes imágenes y comenta con tu grupo qué diferencias hay entre ambos trabajadores, por ejemplo: la forma de vestir, el lugar donde trabajan, y la maquinaria o herramientas que utilizan.

¿Actualmente han mejorado las condiciones de los trabajadores?
¿Por qué es importante celebrar el Día del Trabajo?

_____

_____

_____

¿Qué se podría hacer para que los trabajadores vivieran mejor? Elabora un cartel y preséntaselo a tus compañeros para conseguir la última pista.

El 1° de mayo se conmemora el día del trabajo.

 Recorta las tarjetas de las páginas 121 y 123 , pues con ellas jugarás el quinto nivel.

Autoevaluación

Soy solidario al...

- ☐ a) Ofrecer ayuda a quien lo necesita.

- ☐ b) Participar en actividades en grupo.

Con mi proyecto logré...

- ☐ a) Recuperar mis trabajos.

- ☐ b) Organizar la información.

- ☐ c) Presentar uno de mis trabajos.

Bibliografía

Alemán Valdés, Miguel, *La verdad del petróleo en México*, 2a ed., México, Grijalbo, 1977.

Bachmann, Lia *et al.*, *Recursos naturales y ambientales en un mundo global*, Buenos Aires, Longseller, 2002.

Barona Lobato, Juan, *La expropiación petrolera*, México, Secretaria de Relaciones Exteriores, 1974.

Bermúdez, Antonio, *La política petrolera mexicana*, México, Pemex, 1988.

Ceniceros, Fabián *et al.*, *Geografía general*, México, McGraw Hill, 1994.

De Marsily, Ghislain, *El agua*, México, Siglo XXI, 2004.

Díaz Barriga Arceo, Frida, *La enseñanza situada: vinculación entre la escuela y la vida*, México, McGraw-Hill, 2006.

Fernández, Justino, "Una aproximación a Coyolxauhqui", en Eduardo Matos *et al.*, *Coyolxauhqui*, México, UNAM, 1963.

Fuentes, Luis Ignacio, *Geografía general*, México, Limusa, 1981.

Frade Rubio, Laura, *La evaluación por competencias*, México, SEP, 2008.

---------- *Planeación por competencias*, México, SEP, 2008.

Guaresti, Juan José, *Los servicios públicos*, Buenos Aires, Universidad de Buenos Aires, 1957.

Novelo, Victoria, *Artes y oficios mexicanos*, México, CIESAS, 2000.

Saint-Onge, Michel, *Yo explico pero ellos… ¿aprenden?*, México, SEP-Fondo de Cultura Económica/ Ediciones Mensajero, 2010.

Zabala Vidiella, Antoni, *La práctica educativa. Cómo enseñar*, México, Graó-Colofón, 2008.

Créditos iconográficos

© Photo Stock: pp. 13 (izq.), 13 (der.), 14 (ab.), 18 (arr. izq.), 27 (arr. izq.), 27 (ab. izq.), 27 (ab. der.), 43 (izq.), 46 (arr. izq.), 46 (ab. izq.), 46 (ab. der.), 53 (arr. izq.), 53 (arr. centro), 53 (arr. der.), 53 (der. centro), 53 (ab. izq.), 53 (ab. der.), 54 (arr. centro), 54 (arr. izq.), 54 (arr. centro), 54 (arr. der.), 54 (izq. centro), 54 (centro), 54 (der. centro), 54 (ab. izq.), 54 (ab. der.), 67 (arr.), 67 (ab.), 89, 94 (izq.), 94 (der.), 95 (izq.), 106 (der.), 116 (izq.), 116 (der.), 147

© Latinstock: pp. 14 (arr.), 18 (ab. izq.), 18 (ab. der.), 27 (arr. der.), 46 (der. centro), 53 (izq. centro), 53 (centro), 53 (ab. centro), 54 (arr. der.), 54 (ab. centro), 56 (ab.), 57 (arr. izq.), 57 (der. centro), 106 (arr. izq.)

P.18 (arr. der.), fotografía: Raúl Barajas, Acervo iconográfico DGME-SEP, p. 31, fotografía: Raúl Barajas, Acervo iconográfico DGME-SEP, p. 41 (arr.), Luna llena, NASA Human Spaceflight Collection, p. 41 (centro), Sol, NASA-EESA, Solar and Heliospheric Observatory Soho, p. 41 (ab.), V838 Mon, NASA-EESA and H. Bond (STScI), p. 43, Spiral Galaxy M51, NASA/JPL-Caltech/R. Kennicutt (Univ. of Arizona)/DSS, p. 46 (arr. der.), fotografía: Raúl Barajas, Acervo iconográfico DGME-SEP, p. 56 (arr. izq.), fotografía: Ignacio de la Torre y Amada Díaz de De la Torre, en Santiago Tenextepango, *ca.* 1900, CERG, p. 56 (arr. der.), peones del estado de Oaxaca, fotografía: C. B. Waite, *ca.* 1900, Fototeca del Instituto Nacional de Antropología e Historia (FINAH), p. 57 (ab.), multitud espera afuera de la Cámara de Diputados la confirmación de las renuncias de Porfirio Díaz y Ramón Corral, de la revista *La Semana Ilustrada*, México, junio de 1911, Hemeroteca Nacional (HN), p. 94 (izq.), Diego Rivera (1886-1957), *Making Tortillas*, (1926), oleo sobre tela, 89.5 x 107.3 cm, Universidad de California, p. 95 (der.), fotografía: Raúl Barajas, Acervo iconográfico DGME-SEP, p. 106 (ab.i zq.), fotografía: Martín Córdova.

Exploración de la Naturaleza y la Sociedad.
Segundo grado
se imprimió por encargo de la Comisión Nacional de
Libros de Texto Gratuitos, en los talleres de
Offset Multicolor, S.A. de C.V.,
con domicilio en Calzada de la Viga No. 1332,
Col. El Triunfo, C.P. 09430, México, D.F.,
en el mes de mayo de 2010.
El tiraje fue de 3'132,800 ejemplares.

Impreso en papel reciclado

¿Cómo ayudas a mejorar el ambiente?

a) Ensuciando el agua.
b) Quemando llantas.
c) Separando los desechos.
d) Tirando basura al suelo.

¿Qué sucede si contaminas el ambiente?

a) Se afecta nuestra salud, y los animales y plantas que habitan el planeta.
b) Se ve feo el cielo.
c) Se beneficia el ambiente.
d) Se renueva el ambiente.

¿Con qué acción cuidas los espacios naturales?

a) Tirar basura en ellos
b) Arrancar ramas de los árboles
c) Mantener cuidadas las plantas
d) Tirarles piedras a los animales

Selecciona una acción que puedas hacer para mejorar tu comunidad.

a) Clasificar la basura
b) Desperdiciar el agua
c) Tirar basura en la calle
d) Maltratar las plantas

¿A quiénes se recuerda el primero de mayo?

a) A los Niños Héroes
b) A los Mártires de Chicago
c) Al Escuadrón 201
d) A los revolucionarios

¿Cuál fue uno de los derechos que pedían los trabajadores de Chicago?

a) Trabajar ocho horas diarias
b) Trabajar sin atención médica
c) Trabajar con servicio de alimentos
d) Trabajar menos por el mismo salario

¿En qué artículo de la Constitución mexicana se habla de los derechos de los trabajadores?

a) 3°
b) 27°
c) 33°
d) 123°

¿Qué alimento está más frío?

a) Paleta de hielo
b) Barra de chocolate
c) Sopa
d) Gelatina

¿Qué le sucede a una cuchara de metal cuando la pones al Sol?

a) Se calienta.
b) Se enfría.
c) Se reblandece.
d) Se endurece.

¿Qué acción te ayuda a prevenir quemaduras?

a) Estar bajo el Sol mucho tiempo.
b) Tocar líquidos sin saber lo que son.
c) Prender cuetes dentro de la casa.
d) Usar guantes para tocar cosas calientes.

¿Qué le pasa a un hielo si lo pones al Sol?

a) Se pone mas frío.
b) Se conserva seco.
c) Se calienta.
d) Se derrite.

Selecciona un desastre.

a) Volcán
b) Inundación
c) Lluvia intensa
d) Fogata

¿Para qué se realizan los simulacros?

a) Para prevenir accidentes.
b) Para ver si estamos atentos.
c) Para perder el tiempo.
d) Para jugar a los enfermeros.

Una forma de cuidar el agua.

a) Lavar la calle con la manguera.
b) Sólo usar un vaso de agua al lavarse los dientes.
c) Dejar la llave abierta cuando lavas los trastes.
d) Usar el agua sucia para lavar tu ropa.

¿Con qué acción cuidas la energía eléctrica?

a) Prender los focos cuando los necesitas.
b) Dejar toda la noche los focos prendidos.
c) Conectar todos los aparatos en un mismo enchufe.
d) Dejar abierto el refrigerador después de sacar alimentos.

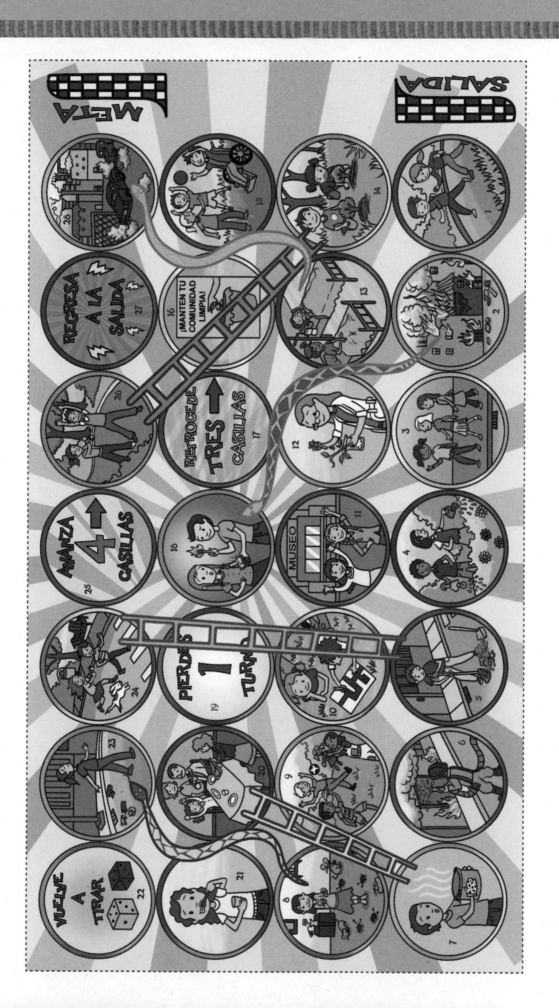

125

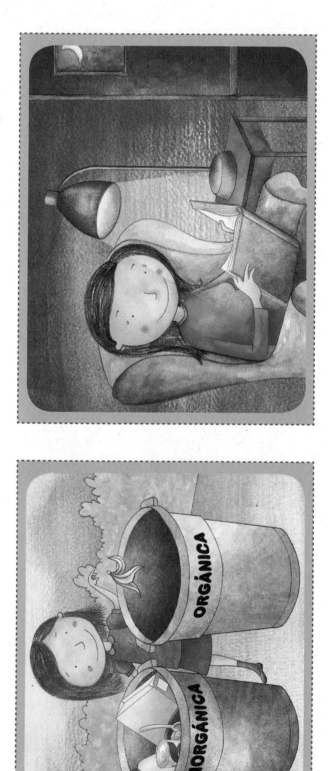

Es un servicio que promueve el conocimiento y el saber.

a) Hospital
b) Escuela
c) Estación de bomberos
d) Servicio postal

Herramienta que utiliza un albañil.

a) Computadora
b) Cuchara
c) Serrucho
d) Martillo

¿De qué recurso natural se obtiene la madera?

a) Minerales
b) Suelo
c) Árboles
d) Animales

¿Cuál de las siguientes actividades es un oficio?

a) Doctor
b) Carpintero
c) Ingeniero
d) Profesor

¿Qué aparato utiliza electricidad para funcionar?

a) Pinzas
b) Anafre
c) Licuadora
d) Molcajete

¿Qué producto es de origen animal?

a) Tortilla
b) Pan
c) Lana
d) Tela

¿Qué oficio ha desaparecido a través del tiempo?

a) Arrieros
b) Profesores
c) Actores
d) Cantantes

¿Qué acontecimiento se conmemora el 18 de marzo?

a) Revolución Mexicana
b) Promulgación de la Constitución
c) La expropiación petrolera
d) Promulgación de las Leyes de Reforma

¿Qué acción podemos realizar para que el servicio de drenaje funcione adecuadamente?

a) Evitar tirar basura en la calle
b) No barrer la calle
c) Vaciar pintura en el drenaje
d) Tirar basura a la coladera

¿Qué producto proviene del campo?

a) Refresco
b) Verduras
c) Plástico
d) Plata

¿Qué producto se obtiene del petróleo?

a) Llavero de metal
b) Coche de plástico
c) Silla de madera
d) Cinturón de piel

¿Qué recurso natural es vital para el ser humano?

a) Agua
b) Petróleo
c) Montaña
d) Roca

¿Qué transporte se usa para trasladarse por mares y océanos?

a) Aeroplano
b) Bicicleta
c) Barco
d) Lancha

¿En donde se pueden comprar diferentes productos?

a) Teatro
b) Escuela
c) Parque
d) Mercado

¿Qué recurso natural proporciona luz y calor?

a) El agua
b) El Sol
c) Los animales
d) Las plantas

PINTURA

Aceite

Bloque 4

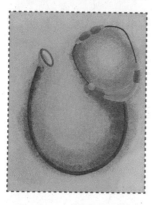  

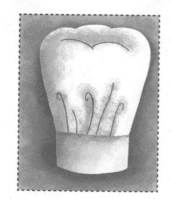 

Bloque 4

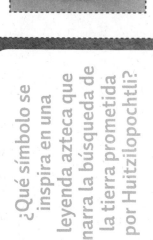

¿Qué símbolo se inspira en una leyenda azteca que narra la búsqueda de la tierra prometida por Huitzilopochtli?

a) Himno Nacional
b) Bandera de México
c) Escudo Nacional
d) Constitución Política

¿Cómo se llaman las personas que salen de su pueblo en busca de mejores condiciones de vida?

a) Inmigrantes
b) Turistas
c) Migrantes
d) Trabajadores

Menciona uno de los servicios que puedes encontrar en el campo.

a) Metro
b) Aeropuerto
c) Hospital
d) Clínica de salud

¿Cuáles son los medios de transporte del campo?

a) Barco y helicóptero
b) Camión y caballos
c) Avión y burro
d) Autobús y metro

Describe una costumbre de tu familia.

Respuesta libre

¿Qué elementos son parte de las tradiciones y costumbres de una comunidad?

a) La comida, la música y su vestimenta
b) La vestimenta, la forma de hablar y su gente
c) La música, la cortesía de su gente y los colores de la ropa
d) El lugar, la hora y las creencias

El festejo de día de muertos y la danza de los viejitos son ejemplos de…

a) tradiciones.
b) conmemoraciones.
c) bailes.
d) costumbres.

¿Cómo se llama la manera en que cada pueblo celebra una tradición, y que se transmite de generación en generación?

a) Hábito
b) Conducta
c) Norma
d) Costumbre

¿Qué símbolo patrio simboliza la independencia, la pureza y la unión de los mexicanos?

a) Niños héroes
b) Constitución Política
c) Bandera Nacional
d) Independencia de México

Una razón para que las personas salgan de su comunidad para establecerse en otra.

a) Hacer amigos
b) Tener un lugar bonito para vivir
c) Buscar trabajo
d) Encontrar un lugar para divertirse

Bloque 3

Es un lugar con casas de teja, sembradíos, donde las personas viajan en caballos, carreteras o caminando.

a) Ciudad
b) Ejido
c) Campo
d) Metrópoli

Es un lugar donde hay casas, edificios, carros y muchas personas caminando por las calles.

a) Ciudad
b) Ejido
c) Campo
d) Colonia

¿En dónde trabaja la gente de la ciudad?

a) Sembradíos
b) Mar
c) Oficinas y fábricas
d) Establos

Cuerpo de agua salada que cubre la mayor parte de la tierra.

a) Estanque
b) Laguna
c) Río
d) Mar

Describe un paisaje.

Respuesta libre

¿Qué sucede con un hielo cuando lo tomas en tu mano por un minuto?

a) Se calienta.
b) Se derrite.
c) Nada.
d) Enfría la mano.

¿Qué sucede cuando pones a hervir agua?

a) Se congela.
b) Se enfría.
c) Se evapora.
d) Se desaparece.

¿Qué tipo de animales son el mono araña y el coyote?

a) Terrestres
b) Marinos
a) Voladores
b) Subterráneos

El 20 de noviembre de 1910 se inició la Revolución Mexicana. ¿Un personaje que participó fue?

a) José María Morelos
b) Benito Juárez
c) Miguel Hidalgo y Costilla
d) Francisco Villa

¿Cuál es la estrella que nos da luz y calor?

a) Sol
b) Luna
c) Marte
d) Tierra

¿Qué se necesita para que haya vida en la Tierra?

a) El calor de la Tierra
b) La luz del Sol
c) El calor de los seres vivos
d) La luz de la Luna

¿Cuáles son los nombres en lengua náhuatl del Sol y la Luna?

a) Tonatiuh y Meztli
b) Huitzilopochtli
c) Coyolxauhqui
d) Tláloc

No tiene luz propia y sólo se ilumina por la luz solar.

a) Sol
b) Luna
c) Tierra
d) Estrellas

¿Cuáles son los cuerpos celestes con luz propia?

a) Tierra
b) Estrellas
c) Luna
d) Satélite

Cuenta una leyenda que en la Luna se observa un animal ¿Cuál es?

a) Perro
b) Gato
c) Conejo
d) León

Acciones que puedes realizar para cuidar el agua.

a) Cerrar la llave
b) Arreglar las fugas
c) No usarla
d) Pagarla

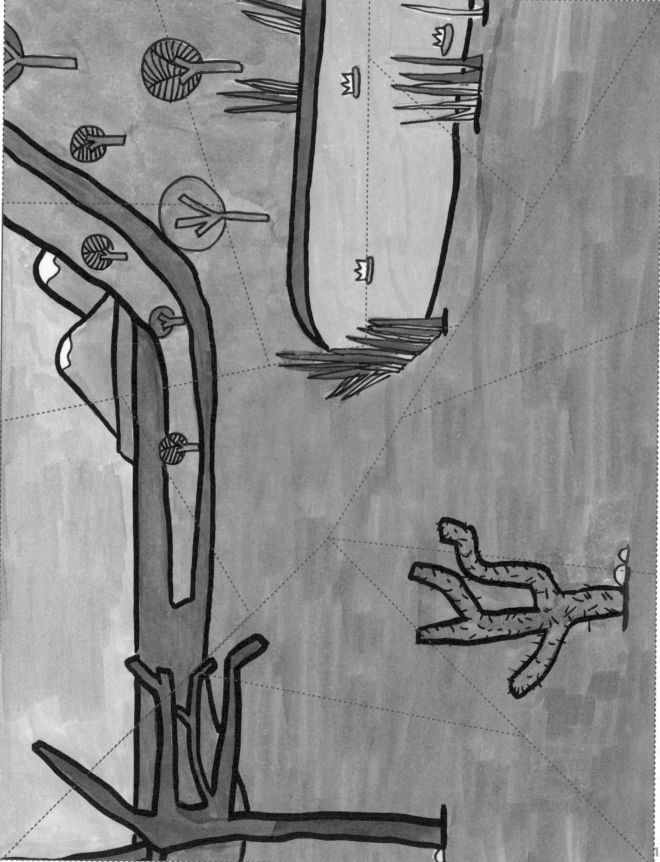

Bloque 2

Menciona los cuatro puntos cardinales.

a) Derecha, izquierda, frente, atrás
b) Arriba, abajo, atrás, frente
c) Dentro, fuera, encima, abajo
c) Este, oeste, norte y sur

El punto cardinal por donde se encuentra el Sol al amanecer.

a) Este
b) Oeste
c) Norte
c) Sur

Del Plato de bien comer selecciona uno de los grupos de alimentos.

a) Frutas y cereales
b) Vitaminas y minerales
c) Verduras / frutas
d) Minerales y leguminosas

¿Cómo se llama el país donde vives?

a) China
b) Japón
c) México
d) Suecia

¿Para qué es necesaria una dieta variada?

a) Para convivir
b) Para divertirnos
c) Para respirar bien
c) Para crecer sanos

¿Qué celebramos en México el 13 de septiembre?

a) La defensa del Castillo de Chapultepec
b) La batalla de Puebla
c) La Revolución Mexicana
d) La guerra de Independencia

¿Para qué te sirve el oído?

a) Escuchar
b) Hablar
c) Mirar
d) Sentir

¿Para qué te sirven los ojos?

a) Pensar
b) Hablar
c) Ver
d) Sentir

¿Cuántos meses tiene un año?

a) 12
b) 9
c) 18
d) 10

¿Qué aparato requiere una persona inválida para caminar?

a) Bastón (de color rojo y blanco)
b) Silla de ruedas
c) Lentes
d) Computadora

¿Qué sucede si se introduce un objeto extraño en tus oídos, ojos o nariz?

a) Mejora mi salud.
b) Afecta mis sentidos.
c) Lastima mi ánimo.
d) Mejora mis sentidos.

Describe cómo era tu escuela antes y cómo es ahora.

Respuesta libre

Menciona quién se encarga de mantener tu escuela limpia y en buenas condiciones.

Respuesta libre

Preguntón

(Para jugar se necesita un dado, no incluido en el material.)

1. Se requiere mínimo de dos jugadores.
2. Las tarjetas se colocan al centro, con las preguntas boca abajo.
3. Por turnos cada jugador lanza el dado y el compañero toma una tarjeta, lee la pregunta, y si contesta correctamente avanzará las casillas indicadas por el dado.
4. En este nivel ganará el primero en llegar a la casilla 10 .
5. Conforme termines cada bloque obtendrás las tarjetas para avanzar a los siguientes niveles.

Bloque 1

Bloque 1

Junio

Mi estatura es _____
Mi peso es _____
Otro cambio _____

Mi estatura es _____
Mi peso es _____
Otro cambio _____

Abril

Mi estatura es _____
Mi peso es _____
Otro cambio _____

Bloque 1

Diciembre

Mi estatura es _____
Mi peso es _____
Otro cambio _____

Mi estatura es _____
Mi peso es _____
Otro cambio _____

Octubre

Mi estatura es _____
Mi peso es _____
Otro cambio _____

Evaluación del alumno

Ayúdanos a mejorar tu libro. Marca con una ✗ tu respuesta.

	☺	☹
¿Te gustó tu libro?	☐	☐
¿Te gustaron las actividades?	☐	☐
¿Te gustaron las imágenes?	☐	☐

	Todas	La mayoria	Ninguna
¿Las instrucciones de las actividades fueron claras?	☐	☐	☐

¿Cuáles no fueron claras? _____

¿Las actividades te ayudaron a descubrir las pistas?	☐	☐	☐

¿Cuáles no te ayudaron? _____

¿Las pistas te ayudaron a elaborar los trabajos de cada bloque?	☐	☐	☐

¿Cuáles no lo hicieron? _____

¿Qué te gustaría que tuviera tu libro? _____

_____

Gracias

SEP

Dirección General de Materiales Educativos
Dirección de Desarrollo e Innovación de Materiales Educativos
Viaducto Río de la Piedad 507, cuarto piso,
Granjas México, Iztacalco,
08400, México, D. F.

Datos generales

Entidad: _____

Escuela: _____

Turno: Matutino ☐   Vespertino ☐   Escuela de tiempo completo ☐

Grado: _____